PEDALANDO A GENTE CHEGA, LÁ

André Biselli e Victor Castello Branco

PEDALANDO A GENTE CHEGA, LÁ

EMPREENDEDORISMO E HUMANIDADE, JUNTOS

SÃO PAULO, 2023

Pedalando a gente chega lá
Copyright © 2023 by André Biselli e Victor Castello Branco
Copyright © 2023 by Novo Século Editora Ltda.

EDITOR: Luiz Vasconcelos
GERENTE EDITORIAL: Letícia Teófilo
COORDENAÇÃO EDITORIAL: Driciele Souza
PRODUÇÃO EDITORIAL: Érica Borges Correa
ORGANIZAÇÃO DE CONTEÚDO: Luís Gustavo Schlindwein Garcia
PREPARAÇÃO: Marina Montrezol
REVISÃO: Angélica Mendonça
CAPA: JPB ART
PROJETO GRÁFICO E DIAGRAMAÇÃO: Manoela Dourado

Texto de acordo com as normas do Novo Acordo Ortográfico da Língua Portuguesa (1990), em vigor desde 1º de janeiro de 2009.

Dados Internacionais de Catalogação na Publicação (CIP)
Angélica Ilacqua CRB-8/7057

Biselli, André Monteiro de Barros; Branco, Victor Castello.
Pedalando a gente chega lá / André Monteiro de Barros Biselli e Victor Castello Branco. -- Barueri, SP : Novo Século Editora, 2023.
192 p.

ISBN 978-65-5561-563-0

11. Empreendedores – Biografia 2. Entrega de mercadorias - Bicicleta I. Título II. Branco, Victor Castello

23-3958   CDD 965.8

Índice para catálogo sistemático:
1. Empreendedores – Biografia

GRUPO NOVO SÉCULO
Alameda Araguaia, 2190 – Bloco A – 11º andar – Conjunto 1111
CEP 06455-000 – Alphaville Industrial, Barueri – SP – Brasil
Tel.: (11) 3699-7107 | E-mail: atendimento@gruponovoseculo.com.br
www.gruponovoseculo.com.br

Sumário

Prefácio	7
Prólogo	13
Amizade de infância evolui para o negócio	19
As primeiras pedaladas da Courrieros	29
Same day delivery chama atenção das grandes varejistas	65
Shark Tank traz visibilidade à Courri	71
Acidente abala as estruturas da Courri	79
Voltando a ter chefe	89
Acelerando o ritmo do pedal	105
O modelo de micromobilidade e a entrada para a Americanas	127
Americanas na favela	149
"O futuro a Deus pertence"	167

Prefácio

Que empreender não é fácil quase todo mundo sabe. Mas poucos sabem o que de fato significa "não ser fácil".

Costumamos ler biografias de empreendedores cheias de sucessos, que reforçam o lado mais idealizado e glamoroso, não expressando as dificuldades enfrentadas nessa jornada. Este livro se propõe a ser diferente. Tive a honra de ser convidado a escrever este prefácio como empreendedor e fundador do Quintessa, aceleradora de impacto que impulsionou a trajetória da Courri.

O livro compartilha a trajetória de dois empreendedores com você, leitor(a), e se dispõe a usar uma lente mais próxima da realidade.

Assim, tem o objetivo de ser transparente e acolher os demais empreendedores que, por vezes, podem questionar: "Será que só eu estou passando por isso? Será que isso significa que não tenho potencial para empreender?". Sabemos que a jornada empreendedora é solitária e constantemente temos a sensação de que a arrebentação nunca passa.

Como empreendedores, muitas vezes ficamos com o olhar viciado em termos que vender algo "lindo" aos investidores, colaboradores, parceiros, no intuito de motivá-los, engajá-los, conquistá-los. Porém, sabemos como é confortante poder falar de forma honesta sobre nossas dores e dificuldades.

Empreender é uma escolha de vida. Não é fácil nem simples. Vão ter altos e baixos – na verdade, mais baixos do que altos. Superar as tantas dificuldades nos preenche e nos desafia, além de ser o que dá sentido à jornada, independentemente se no fim será classificada como sendo de sucesso ou não.

A intenção deste livro é que você se sinta em um "papo de cozinha", como gosto de dizer. Não é um papo em uma sala arrumada, que foi enfeitada para receber uma visita.

Queremos te contar sobre uma jornada contra o improvável.

A ideia é contar a história desses empreendedores a partir das imperfeições, que são parte inerente da construção de qualquer história.

Pretendemos servir de inspiração para que outros não desistam – entendendo que não existe história perfeita e sabendo que a história toma uma vida própria e vai muito além do que os empreendedores imaginaram que seria no início.

Se você deseja de fato empreender, é necessário superar o ordinário na busca do extraordinário.

Não há funções que você possa se dar ao luxo de não fazer. É importante se entregar a esse projeto de vida. E, como foi no caso deles, sujar as mãos na graxa da corrente das bicicletas.

Tudo começa com um sonho, e apenas uma motivação maior o(a) faz superar tantas dificuldades. A questão é: o quanto você está disposto(a) a fazer as concessões necessárias da realidade que se impõe, abrindo mão do que idealizou inicialmente? Sem propósito, você não vai a lugar nenhum. Sem resultado, você não mantém a empresa. A questão é encontrar o equilíbrio entre o que você sonha e o que realiza.

No caso do André e do Victor, é clara a importância de estarem juntos. Foi a relação de amizade, de parceria, que sustentou a jornada. O significado de "dar certo" para eles era: colocar seus valores em prática; fazer bem para a sociedade e o meio ambiente; e ser rentável. Assim, só faria sentido para eles se fizesse sentido para os ciclistas também. Isso foi o que deu muito certo. Apesar das dificuldades, tinham a alegria de estar servindo ao outro, aos ciclistas entregadores. O desprendimento superava o interesse pessoal.

Como em toda história, há momentos muito difíceis. No caso deles, vivenciaram em outubro de 2014 o falecimento de um ciclista da equipe. O impacto foi grande. Ficaram reclusos por dois meses, refletindo se era àquilo mesmo que desejavam dedicar suas vidas. E são momentos como esse que nos marcam como empreendedores e reforçam a responsabilidade que temos em tal papel.

No Quintessa, valorizamos a gestão baseada em boas práticas – aquela que é capaz de batalhar, compartilhar, ser real e honesta, ser transparente, pensar a longo prazo, honrar compromissos, atuar coletivamente, ser inclusiva, dar exemplo a partir da ação e se capacitar tecnicamente. Ou seja, o fator humano é peça fundamental para uma trajetória de sucesso no negócio. O Quintessa nasceu da solidão dos empreendedores e do desejo de estarmos junto àqueles que percebem suas imperfeições e lutam para superá-las.

Àqueles que desejam tornar a realidade melhor para mais pessoas além de si.

Por isso, o convite de escrever este prefácio fez tanto sentido para mim, pois André e Victor tiveram a coragem não só de empreender, mas de relatar a experiência de forma honesta, verdadeira. Na minha visão, coragem é um dos requisitos primordiais para empreender. Coragem no sentido etimológico, juntando a ação ao coração. Coragem essa que é a base para construir uma empresa que cumpra de fato um papel na sociedade, que sirva à sociedade e, ao servi-la, vira um projeto de vida, e não um mero veículo para ganhar dinheiro.

E, assim, o(a) empreendedor(a) vai lidando com as dificuldades e os avanços do dia a dia, vai se conectando, amadurecendo, lidando com as dicotomias e pedalando até construir algo que ganha relevância, valor e reconhecimento externo. Nesse momento, é importante se questionar: "Ainda vale a pena pedalar? Até quando? Diante de qual circunstância? Tem alguém que poderia pedalar melhor do que eu para levar esse legado adiante?". Essas perguntas são as mais difíceis, pois não são exatas, não têm resposta certa. Envolvem emoção, apego, ego. Não por acaso, os negócios que sobrevivem são aqueles liderados por empreendedores que souberam se transformar e se adaptar ao longo da trajetória e somar novas competências à empresa.

Temos que saber a hora de mudar o ritmo do pedal, a hora de parar de pedalar e encarar o óbvio: a vida é cíclica.

Na minha visão como empreendedor, a história é bonita e vale a pena quando continua com vida própria; quando reverbera e vai adiante, independentemente dos empreendedores; quando toma corpo e vontade própria, dado que ficou tão nítida a sua relevância para a sociedade, que ela não depende mais de quem a criou e gestou inicialmente.

A leitura deste livro é categórica para qualquer empreendedor(a), pois é real, não tem fantasia, não vende sonhos ilusórios, fala das dificuldades humanas ao longo do processo (que, na minha visão, são as mais difíceis), além de ser bela em apresentar uma forma em que o legado pudesse ser protegido e garantisse que o impacto seguisse adiante, sendo então pedalado por outras pernas que legitimam a razão maior da Courri existir.

Por José Leopoldo Figueiredo,
fundador do Quintessa

Prólogo

Ação e coração. Palavras e conselhos que ouvimos dos mais velhos e que carregamos sempre conosco. Pensamos um *business plan*? Montamos um *pitch*? Captamos um *seed round*? Tivemos um *exit* bilionário? Essas são todas as perguntas pertinentes ao se deparar com mais uma história de empreendedorismo. Mas será que nos levam ao sucesso?

São esses os questionamentos que a gente se fazia quando estava tomando chuva ao realizar deliveries, contemplando o investimento feito em nossos estudos, num momento de ação e de ROI (retorno sobre o investimento) negativo.

Perguntas que também surgiam quando a gente pegava na mão livros parecidos a este, nos quais buscávamos semelhanças à nossa jornada ou mesmo inspiração para seguir em frente; receitas ou caminhos que pudessem facilitar nosso lado e amenizar nossas dores.

O sucesso veio! E cada ano que se passa da nossa jornada, percebemos quão rica ela foi e ainda é!

Sobre ação e coração, podemos destacar alguns pontos:

- **Ação:** jovens que éramos, jogamos o *business plan* para o alto e fomos para cima! Não tinha tarefa pequena nem grande o suficiente que nos botasse medo... Nós iríamos colocar o negócio de pé, na raça.
- **Coração:** iria ser do nosso jeito, ombro a ombro com o funcionário! Toda perda era levada para o pessoal, todo cliente insatisfeito era um insulto. Coração na ponta dos dedos sempre!

Antes de te contar o que tudo isso significou para nós, sugiro que você entre na história sem que a gente te faça procurar a mensagem. Mas ela está aí, enraizada em cada pedalada que foi dada na Courri, em cada gota de suor, dura, crua e real.

Afinal, este é um livro sobre empreendedorismo, negócios e sustentabilidade. Mas é também sobre amizade e como uma sementinha que foi plantada na infância virou uma empresa anos mais tarde.

A Courrieros, ou Courri, como foi carinhosamente apelidada, foi fundada em 2012 por nós, André Biselli e Victor Castello Branco. Um negócio que surgiu muito antes do que nós poderíamos imaginar, quando brincávamos em um clube da zona sul de São Paulo. Nós crescemos juntos, viajamos e fizemos missões voluntárias juntos. E empreendemos juntos também.

Trata-se de uma ideia que poderia ter ficado no papel, caso não tivéssemos uma conexão tão forte, criada desde cedo. E que, em uma década de fundação, mostrou-se um grande acerto não apenas para os sócios, mas também para um grupo de funcionários que ganhou a oportunidade de se recolocar na vida, após a porta aberta.

A Courri é uma daquelas ideias brilhantes, tão boas, que muitos empresários devem parar e pensar: *como é que eu não pensei nisso antes?*

Antes de entrarmos de cabeça nessa história, trazemos para vocês nosso manifesto, criado logo nas primeiras pedaladas da Courrieros.

São Paulo, 2012

Nascidos em uma cidade violenta, mas que acolhe geral, poluída e suja, mas esperançosa e cheia de encantos. Terra da garoa, dos sonhos, da prosperidade, que não dorme nem descansa, barulhenta, em eterna construção, trabalhadora: é o coração do nosso Brasil. Terceira cidade brasileira que mais polui. Essa é a cidade que movimenta o país. E quem movimenta a cidade? A mercadoria e os documentos? Motoboys. São mais de 400 mil rodando 24 horas por dia. Se São Paulo é o coração, os motoboys são as veias, necessárias para a sobrevivência dele.

Será?

Com os pés no chão, entre amigos e com o espírito de inovação forjado em nós, montamos a primeira courier sustentável brasileira, pronta e disposta a enfrentar o desafio de desentupir nossas veias.

Em uma cidade cheia de multinacionais, Ubers e Fedexs que dominam nosso mercado local, que não entendem ou sentem nossa cultura paulistana, somos a sua opção *eficiente e acessível de entrega expressa: somos o ciclista do seu bairro, que nasceu aqui, que quer ver a cidade melhor e quer viver em um lugar melhor.*

Sabe aquele jovem que quer acrescer algo ao mundo, mas não tem oportunidade, por isso se revolta e acaba infeliz em um trabalho no qual ele é só mais um? Ou pior, desiste e nem tenta ir atrás dos sonhos. Não é difícil ouvir histórias de gente que trabalha conosco e estava perdido na vida, mas se reencontrou por aqui. Viver e trabalhar com propósito era o que a gente buscava ao criarmos a Courrieros.

Quando os valores são muito parecidos e você vive muito tempo junto acaba criando aquela sensação de família. E é como família que visamos movimentar nossa economia local: comprando de fornecedores locais, desenvolvendo tecnologias locais com parceiros locais. Sustentabilidade é o nosso lema, nosso moto, nosso mantra: para você, para nós, para os nossos fornecedores, para nossa cidade, para nosso país e para o nosso mundo.

Fazemos negócios com pessoas e marcas que pensam como nós e se identificam com o nosso propósito. Chega de construir negócios puramente pelo dinheiro e para o ganho do hoje, sem pensar no amanhã. Temos que valorizar mais nossas pessoas, nossas cidades e nosso tempo. Carinho, emoção, compaixão e empatia. Mais humana que qualquer outra transportadora e courier que você já conheceu.

CAPÍTULO 1
Amizade de infância evolui para o negócio

Quando tinham mais ou menos 10 anos, Victor Castello Branco e André Biselli se conheceram, no Clube de Campo, tradicional espaço de lazer na zona sul da capital paulista.

Entre jogos de futebol, "polícia e ladrão" e trilhas de mountain bike, os dois foram criando uma forte amizade. O ano era 1999, e os amigos passavam os finais de semana e as férias no clube. Os esportes sempre foram muito presentes na vida deles. Victor se destacava em diversas modalidades e chegou a ser terceiro colocado no campeonato brasileiro de hipismo juvenil. Muitos anos depois, conseguiu se classificar para o mundial de Ironman. André não tinha resultados tão impressionantes como Victor, mas praticou os mais variados esportes, sempre com muita paixão e dedicação.

O esporte foi um dos pontos que aproximou muito os dois amigos, afinal a bicicleta era o principal meio de transporte dos dois durante a adolescência. Era o modal que os ajudava a ir da casa de um para o outro ou mesmo se deslocar dentro do clube. O esporte foi um dos pilares que manteve a amizade muito viva e, também, a base sobre a qual eles gostariam de construir uma empresa no futuro.

Outro aspecto que fortaleceu a amizade foi a religião. Das idas à missa semanal até a crisma de André, a religião ajudou a moldar o caráter dos meninos. O impacto foi tamanho que, em 2008, eles decidiram encarar uma viagem para Chincha Alta, cidade peruana ao sul de Lima que havia sofrido um forte terremoto. O objetivo era participar da reconstrução do local.

Ambos ficaram hospedados em uma escola e, durante o dia, demoliam casas condenadas, limpavam terrenos cheios de escombros, reconstruíam e começavam a organizar os locais para que fossem erguidas casas emergenciais. E assim foi forjado mais um dos pilares fundamentais para a construção da Courri.

Essa viagem foi importante para entenderem que era possível usar sua força, nesse caso de forma literal, mas posteriormente a vontade e o intelecto para criar uma empresa que entendesse sua responsabilidade social e usasse a força do trabalho para mudar a sociedade.

Foram poucos dias no Peru, uma vez que estavam em uma fase muito importante de suas vidas: a transição da escola para a universidade. Era o momento em que decidiriam a carreira que imaginavam trilhar. André escolheu o curso de Direito, enquanto Victor foi para a área de administração. Cada um deles imaginou um futuro para sua carreira que, naquela época, não incluía empreender.

Eles acabaram seguindo caminhos profissionais distintos. Victor foi para Boston, nos Estados Unidos, fazer graduação em *business* (negócios), mas falava direto com André sobre como estava infeliz com a vida lá. Por sua vez, André passou um semestre no Chile, onde estudou e intensificou sua agenda de voluntariado, principalmente ligado à educação.

Mas nunca perderam a conexão e a amizade, claro. Seguiam se falando e, em determinado momento, Victor confessou a André que estava passando por um período realmente difícil, com depressão, nos Estados Unidos. Seu amigo começou então a incentivá-lo a voltar. "Preste os vestibulares de meio de semestre aqui no Brasil durante as suas férias, o pior que pode acontecer é você não entrar, e a situação ficar igual", dizia André.

Começaram a se falar com ainda maior frequência, e André ajudou Victor a se inscrever nos vestibulares de algumas universidades. Victor passou em todos e, influenciado pelo amigo e pela vontade de começar a trabalhar cedo, optou pelo curso de administração noturna na PUC-SP.

E assim foi, os amigos estavam no mesmo país de novo, e Victor logo começou a trabalhar. Foi na PUC que conheceu outro amigo, o Rodrigo Assaf, que eventualmente se tornaria operador da Courrieros e seria parte fundamental do começo da empresa.

Também foi de dentro das salas de aula que começou a bolar as ideias que sempre discutia com André.

No final do ano de 2011, começaram a desenvolver ideias de negócios. A primeira delas, de montar uma plataforma que conectasse projetos sociais a voluntários, veio por sugestão de Victor.

As experiências anteriores de ambos mostravam que havia muitos tipos de projetos, mas que nem sempre acontecia o encaixe perfeito entre o voluntário e o projeto que estava sendo desenvolvido naquele local. Às vezes, uma pessoa gostava de atuar com idosos, mas conhecia somente projetos voltados a crianças. Assim surgiu o primeiro projeto dos dois amigos, o *Ajudar é fácil*.

Começaram com um site simples e um grupo no Facebook, no qual os projetos tinham voz para divulgar suas ações e que tipo de voluntários buscavam. As pessoas que tinham acesso a esse grupo buscavam por projetos que se encaixassem em seus horários e com o perfil de atuação de que gostariam.

Um dos desdobramentos positivos que surgiram do *Ajudar é fácil* foi o projeto de internacionalização da comunidade de Sant'Egídio. Como o *Ajudar é fácil* tinha construído uma rede de contatos, uma das coordenadoras da comunidade em Roma, na Itália, pediu para se encontrar com os meninos e, assim, teve início a comunidade no Brasil. O foco do trabalho eram os idosos em casas de repouso, e foi levado adiante por cerca de dois anos pelos membros do *Ajudar*, em especial pela Patrícia Rigatieri, namorada de Victor.

Contudo, exceto por iniciativas pontuais, como a da comunidade de Sant'Egídio, o *Ajudar é fácil* acabou não durando muito tempo. A ideia em si parecia muito boa, mas logo André e Victor perceberam que não teriam o apoio que imaginavam no começo do projeto.

Assim, voltaram à prancheta, para pensar em outras possibilidades de negócio. Dessa iniciativa, entretanto, surgiu o terceiro e último pilar fundamental da construção da futura empresa. Além do esporte e do trabalho social, ligado à religião, eles entenderam que queriam mesmo trabalhar juntos.

E o que quer que fossem fazer teria que juntar então esses três pilares. Criaram, então, uma agenda mensal segundo a qual se encontravam para almoçar e passavam um bom tempo discutindo potenciais ideias de negócios.

Surgiram algumas ideias ligadas ao futebol, como uma empresa de gandulas, que garantiria que eles não fossem torcedores ou jogadores da base de algum dos times que estavam em campo, dentre outras. "Era uma pior que a outra", lembram os dois.

Até que o Victor, após conversas com um amigo que havia conhecido em sua estadia em Boston, comentou sobre um serviço que estava na moda em Nova Iorque: as entregas feitas por bicicletas, e não por motos. Eles começaram então a estudar os modelos e como poderiam viabilizar algo parecido em São Paulo.

Naquele momento, também perceberam a necessidade de trazer mais pessoas para tirar qualquer ideia do papel. Isso porque Victor e André pensavam "parecido demais", tinham personalidades fortes e, apesar de concordarem na grande maioria das vezes, precisavam de uma pessoa para "desempatar" e colaborar no desenvolvimento do projeto.

O primeiro desafio foi escolher alguém cuja entrada nessa jornada realmente fizesse sentido. Esse terceiro sócio também teria o papel fundamental de ser a pessoa do choque de realidade, aquele que os faria ser menos sonhadores e mais "resolvedores" de problemas.

Quase ao acaso, encontraram o terceiro sócio ideal em um dia de trabalho voluntário, quando o planejamento da empresa já estava bem maturado. Stefano Cappanari, também amigo de infância, economista, formado na FEA (Faculdade de Economia, Administração, Contabilidade e Atuária da Universidade de São Paulo), tinha um perfil mais sério, racional e detalhista, sendo muito bom com números.

Na época, Stefano trabalhava em um banco de investimento, mas ao ouvir as ideias apresentadas, começou a se encantar pelo projeto. Isso, principalmente, porque tinha acabado de voltar de um ano na Europa, onde as pessoas pensavam já um pouco mais no assunto da sustentabilidade e bicicletas eram usadas com frequência no dia a dia.

A partir dali os finais de semana passaram a ser períodos de experiência para analisar tudo o que precisariam fazer para colocar as bikes nas ruas, começando pelo relevo da capital paulista, numa época em que as ciclovias eram raras. Estudaram caminhos e rotas específicos, cronometraram o tempo das futuras entregas – ainda imaginárias na época – e planejaram as possíveis áreas de atendimento do futuro negócio.

Já tinham até nome para a empresa: Courrieros, derivado de *Courrier*, que em francês significa "entregador" ou "correio". Com entregas ecoeficientes, André e Victor poderiam finalmente criar uma empresa para trabalharem juntos, trazendo consigo um forte impacto social e ambiental.

Além dos fatores citados, uma informação do mercado de logística impulsionou a criação da Courrieros: na época, mais da metade das entregas contratadas por empresas eram realizadas em distâncias curtas, em torno de cinco quilômetros de raio. Com isso, as bicicletas não só melhorariam ecologicamente a vida da comunidade, como chegariam aos seus destinos em menos tempo e com um custo menor, sem despesas com combustíveis, por exemplo.

E para quem tem curiosidade em saber mais sobre como começar a empreender, ficam aqui algumas dicas: Victor, André e Stefano contrataram um contador conhecido do pai do Victor, Acácio Torquato, para dar entrada na junta comercial no contrato social que o próprio André, com a ajuda de seu irmão Georges Martens, havia feito. Em paralelo, os três visitaram mais de vinte salas comerciais e optaram pela mais barata, perto da Avenida Brigadeiro Faria Lima, um dos principais centros financeiros do País. Eles acreditavam que dali viriam a maioria de seus clientes. Por fim, Victor descolou um site que cobrava, na época, 200 reais para fazer a logo, identidade visual da Courrieros e toda a papelaria.

Foi assim, sem muito segredo, com a crença firme de que iriam moldar o seu destino e o das entregas do País, que eles arregaçaram as mangas e começaram a pedalar São Paulo afora.

CAPÍTULO 2
As primeiras pedaladas da Courrieros

Foi em março de 2012 que Victor trouxe a ideia, inspirado em um modelo que tinha visto nos Estados Unidos. A Courri seria uma empresa de entregas de documentos e pequenos volumes, utilizando principalmente bicicletas. Uma empresa que trazia em seu DNA o impacto social e ambiental, além da prática esportiva, três pilares cuja bandeira os sócios sempre quiseram levantar.

Ainda demoraram alguns meses formatando a empresa, até que em agosto o negócio começou a ficar sério. André, Victor e Stéfano compraram as primeiras quatro bicicletas, com um investimento de cerca de 40 mil reais, e alugaram uma sala comercial.

Foi no dia 1º de outubro que a Courrieros foi oficialmente fundada e começou a operar. Logo no primeiro dia, a empresa do sogro de Victor fez o pedido número um da história da empresa, saindo da Avenida Faria Lima para o Shopping Morumbi, na zona sul da capital paulista.

Agora era para valer!

Pensando bem, a Courri caía como uma luva para uma cidade como São Paulo, que tem um trânsito caótico, um centro financeiro e de negócios travado pelo movimento dos carros. Ainda mais nos dias de chuva. Os negócios, por sua vez, não param. São documentos para entregar ou ter a firma reconhecida em cartório, encomendas de comida e tudo o mais que você possa imaginar. Sempre com urgência, com prioridade máxima, em um mundo de acontecimentos que não pode parar – muito menos demorar.

Naquela época, a cidade passava por uma transição. Quilômetros de ciclovias e ciclofaixas estavam começando a ser implementadas. Mesmo nas ruas em que ainda não existiam os espaços exclusivos, as bicicletas achavam o seu caminho em meio a tanto engarrafamento para levar o que fosse preciso e chegar logo ao seu destino.

Os próprios Victor e André faziam as entregas que apareciam, no início do projeto. Ou chamavam gente para ajudar, enquanto enfrentavam os primeiros desafios de ter um negócio. Tinham a mesma cumplicidade desde quando se conheceram, meninos de 11 anos que desbravavam o mundo em suas bicicletas buscando novas aventuras.

Ainda com muitas incertezas, André pretendia advogar no primeiro semestre do ano seguinte, com Victor tocando a empresa. Esse combinado não durou nem dois meses, uma vez que a família de Stefano, conectada à Chocolat du Jour, fechou o primeiro grande pedido para a Courri.

"Eu sabia bem como eles faziam entregas, todas com um furgão que rodava a cidade, dirigidos pelo Andrade, que eu conhecia muito bem desde criança. Sabia também que sempre prezaram muito pela qualidade, não apenas nos produtos, mas também na embalagem e no atendimento, por exemplo. O mercado deles sempre foi *super premium*, mas eu achava que nas entregas poderiam fazer muito melhor", relembra Stefano.

O trio fez então algumas reuniões com a Chocolat du Jour, com a pessoa que coordenava a logística, para entender melhor o ciclo de despache e as especificidades dos produtos. Essa foi a surpresa e o desafio. Afinal, comparado a entregar documentos entre escritórios, que era o primeiro mercado da Courri, a logística de produtos alimentícios e o fato de ser um mercado *premium* exigiam velocidade, equipamento e treinamento dos funcionários bastante diferenciados.

Entendendo a dimensão que o negócio tomara, André pediu demissão do escritório de advocacia em que trabalhava e, em 1º de dezembro, apenas dois meses após a abertura da empresa, mergulhou no negócio.

A Courri, que começou como mais uma aventura de amigos de infância, já estava se transformando em uma jornada que envolvia clientes, pagamentos de contas e, acima de tudo, um time de "Courrieros", jovens desafiados pela vida nas mais variadas e difíceis situações. Um garoto chamado Júlio França foi o primeiro funcionário contratado oficialmente, escolhido depois de um teste prático pela cidade de São Paulo.

Vale a pena contar em detalhes o processo seletivo para a escolha de Júlio. Afinal, uma das grandes questões para Victor e André era justamente a mão de obra para operar a Courri no dia a dia.

Como vamos achar os poucos ciclistas que existem no mercado? E se não conseguirmos encontrar, como os formaremos?, pensavam eles.

No mesmo Clube de Campo em que a amizade dos dois começou, existiam pessoas com projetos bem interessantes. Um deles era Roberto Gomez, um dos maiores golfistas amadores brasileiros, sócio do clube fundador de uma ONG que visava à inclusão de *ex-caddies* – aquelas pessoas que carregam as bolsas de golfe nos campos – no mercado de trabalho. A maioria dos *caddies* seguia nessa função até os 18 anos e depois ficava disponível para outros trabalhos. Alguns garotos logo foram indicados para conversar com Victor e André. "Será que essas pessoas sabem pedalar?" – lógico, foi a primeira dúvida deles.

Gomez indicou dois potenciais candidatos à vaga de entregador. Victor bolou o que ficou conhecido internamente como bike-teste, uma etapa que mais tarde ambos desenvolveriam bem e que se revelou um grande diferencial para o sucesso da Courri.

O bike-teste aconteceu para que os candidatos pudessem entender o que a empresa esperava dos entregadores. Eles ainda não tinham entregas, mas precisavam achar algo para mostrar aos potenciais funcionários o que seria aquele trabalho.

Victor, então, levou os dois candidatos ao Parque do Povo, na zona sul de São Paulo, pedalando pela Avenida Faria Lima, que, na época, ainda não tinha ciclovia. O teste em si consistia, primeiramente, em montar um trajeto de longa distância, no qual o ciclista teria que tirar inúmeras fotos de pontos específicos no caminho. Ele teria acesso à mapa, guia e internet e poderia demorar o quanto fosse para organizar essa rota. Na segunda parte, o candidato seria acompanhado por um ciclista mais antigo. No começo, esse papel era feito pelo próprio Victor.

O candidato ia na frente e o avaliador logo atrás. Não era informado previamente que segurança e cordialidade eram requisitos importantes. Os candidatos eram automaticamente desclassificados ao furar um semáforo, colocar pedestres em risco, ter qualquer conduta irregular ou mesmo tratar mal os recepcionistas e seguranças dos edifícios onde iriam fazer entregas.

O ritmo de um bom pedal não era prioridade, pois todos os envolvidos acreditavam que isso seria adquirido com a constância do dia a dia.

No fim das contas, os dois candidatos indicados por Roberto Gomez não seguiram adiante, mas, por uma coincidência do destino, um amigo de infância trazido por eles era justamente Júlio França, apaixonado por bicicletas, que foi muito bem no teste. Tão bem, que topou largar tudo, para fazer parte daquele sonho com Victor e André. Júlio foi o primeiro ciclista da Courrieros e até hoje é um grande amigo de todos!

Para os sócios, o entregador sempre foi um dos pilares da empresa e foi a maneira encontrada para a Courri ter um impacto ainda maior na sociedade. Era a grande possibilidade de oferecer ajuda aos excluídos, a esforçados garotos procurando uma saída, a ex-presidiários que encontraram na empresa sua reinserção na sociedade. Uma forma de integração: pedalando pela cidade, entregando as encomendas e, acima de tudo, começando uma nova vida.

Conforme os meses passaram, os bike-testes se tornaram uma análise de como o ciclista se localizava e conseguia organizar uma rota, como respeitava a segurança no trânsito e como tinha cuidado com o cliente. Virou, inclusive, referência para muito além da Courri, inspirando concorrentes.

Destaque internacional

Voltando ao tema dos negócios, novembro e dezembro levaram os números às alturas, fazendo com que André largasse a advocacia e mergulhasse de vez na Courri, ainda que eles tivessem contratado um entregador para ajudar. Todos achavam que ficariam ricos em pouquíssimo tempo com o projeto, que tinham tomado uma decisão incrível e teriam resultados no curtíssimo prazo!

Mas janeiro de 2013 chegou como uma ducha de água fria e fez a euforia passar rápido! Por ser um mês parado na capital paulista, com as escolas em férias e muitos pais aproveitando para descansar também, a Courri ficou bastante ociosa, e todo mundo precisou segurar as pontas.

De notícia positiva, apenas a indicação de uma amiga para inscrição no prêmio Eco Challenge Tic Americas, patrocinado pela PepsiCo., que acontecia simultaneamente ao evento da Organização dos Estados Americanos (OEA) e premiava ideias inovadoras ligadas à sustentabilidade e realizadas por jovens da América Latina. Ainda que houvesse um "retrospecto negativo", visto que nunca uma empresa brasileira havia sido finalista, André e Victor entenderam que não tinham nada a perder e, confiantes como nunca, fizeram a inscrição.

Eles ainda estavam incrédulos com o fantástico mês de dezembro que tinham vivido e achavam que, no pior dos cenários, teriam tentado e seriam iguais a todas as demais empresas brasileiras que tinham participado até então. "Não poder passar vergonha" foi um fator crucial na escolha de participar desse prêmio.

Apenas alguns dias após a inscrição on-line, os sócios da Courri receberam um e-mail informando que haviam passado de fase e que teriam uma reunião por telefone, para o pessoal da premiação entender melhor o modelo de negócio e o potencial de escalabilidade da empresa. Victor ficou encarregado, preparou-se e foi, mais uma vez, para "matar ou morrer", afinal eles se consideravam francos atiradores, com uma start-up recém-fundada.

O momento era curioso. Depois de resultados excelentes nos meses anteriores, eles agora amarguravam as dores de janeiro, em que ficavam horas e mais horas olhando uns para o rosto dos outros, com pouquíssima demanda. E, com tempo de sobra, puderam se dedicar bastante à premiação. "Mal sabíamos que nunca mais teríamos tanto tempo livre para criação e novas ideias como nessa época", refletem hoje ao olhar para trás.

Chegou a hora da verdade, Victor atendeu a ligação e foi muito bem! Ele respondeu às perguntas de forma muito clara e confiante, mesmo que muitas delas partissem da experiência de apenas três meses de operação. O importante mesmo é que ele foi convincente e os avaliadores gostaram do modelo de negócio da Courri.

Ao final da ligação, foi informado que, após algumas semanas, eles iriam receber um e-mail informando caso a Courrieros fosse escolhida ou não, com as justificativas devidas.

A grande final do Eco Challenge Tic Americas naquele ano foi na cidade de Antigua, na Guatemala. Todos entendiam que aquela era uma oportunidade única de esse sonho ganhar contornos internacionais.

O e-mail demorou alguns meses para chegar, quando o dia a dia na Courrieros já estava bem corrido, de novo, e com novas oportunidades surgindo. Foi um período em que André e Victor tinham diversas reuniões de trabalho, buscavam entender como funcionava o mercado e como poderiam selecionar os melhores entregadores. Mas, enfim, chegou a mensagem tão aguardada. Foi um momento de tensão e ansiedade, ambos se sentiam como um adolescente prestes a descobrir se seu nome constava ou não da lista de aprovados de um vestibular.

Para alegria e surpresa geral, eles haviam sido selecionados para a grande final! Era solicitado que fossem enviados os dados de apenas um dos sócios para a emissão de passagens e reserva de hotel. Eles optaram por enviar os dados de Victor, afinal ele havia respondido às questões por telefone de maneira muito positiva.

Naquele momento, porém, surgiu um grande impasse: será que André também deveria ir junto? A empresa, recém-fundada, aguentaria ficar alguns dias sem os dois sócios fundadores?

A ansiedade era cada vez maior, e a premiação seria dali a pouco tempo, em menos de um mês. Eles conversaram, debateram bastante e chegaram à conclusão de que, sim, a Courri poderia ficar alguns poucos dias com seus dois sócios fora. Reservaram, assim, outro hotel na Guatemala, mais barato, para poderem ir os dois à grande final do prêmio.

Feitas as reservas, eles agora teriam cerca de trinta dias para de fato planejar a participação na final do Eco Challenge Tic Americas. Era preciso montar uma apresentação em inglês ou espanhol. Richard, um dos colaboradores, ofereceu-se e montou o material no Prezi, uma plataforma para a criação de apresentações não lineares pouco difundida na época, porém muito interessante e inovadora.

Victor e André contrataram ainda uma pequena produtora para fazer um vídeo de dois minutos que mostraria um pouco da start-up. Os sócios mesmos montaram o roteiro, e Victor participou das filmagens. André cuidou da produção do material impresso, dos banners e do lançamento de algumas novas funcionalidades no app da Courrieros, que eles queriam divulgar no evento. Eram funções como a geolocalização e a opção de assinatura na tela.

A dinâmica da final da premiação consistia em dois dias em um local parecido com um estande de vendas, com alguns banners sobre a empresa, onde as pessoas poderiam passar e tirar dúvidas sobre cada negócio. Durante o primeiro dia, ainda teriam que fazer uma apresentação de trinta minutos, tempo total considerando as perguntas e respostas para uma banca de jurados internacionais – muitos deles da academia, inclusive da famosa universidade norte-americana Wharton. Por fim, teriam que fazer uma espécie de *elevator pitch*, uma fala de trinta segundos que precisa gerar ótima impressão e conquistar todos os avaliadores no saguão.

A premiação foi realizada nos dias 2 e 3 de junho. André e Victor embarcaram para a Guatemala na quinta-feira de Corpus Christi. Os dois dias de apresentação seriam no sábado e domingo, quando se anunciaria o grande campeão. Embarcaram com o vídeo bem encaminhado, mas ainda não finalizado pela produtora, que garantiu a versão final em mãos no sábado de manhã. Algumas das funcionalidades do app rodariam pela primeira vez na sexta e o material da apresentação estava pronto. Tudo no limite dos prazos, com as emoções à flor da pele e sem nenhum tempo de ensaio.

A viagem, comprada pela organização do evento, tinha uma escala no Panamá, onde pegaram outro voo direto para a Cidade da Guatemala, capital do país homônimo. A segunda parte da viagem estava cheia, e eles acabaram ficando em assentos separados – Victor mais à frente, André na última fileira do avião. No decorrer do voo, a pessoa ao lado de André puxou papo, perguntou se ele era brasileiro e o que estava indo fazer na Guatemala. O homem se apresentou como integrante do Ministério das Cidades, disse que estava indo para um evento da OEA em Antigua e que seria jurado de um prêmio da PepsiCo.! Aquele no qual a Courri estava na disputa. Uma feliz coincidência!

Saindo do voo, o jurado convidou André e Victor para uma sala dentro do aeroporto. Enquanto pessoas da organização foram buscar suas malas, outras da imigração vieram receber os três e carimbar seus passaportes. Eles saíram pelos fundos do aeroporto direto para uma van, que os levou ao hotel, já na cidade de Antigua.

O pequeno favor do jurado acabou gerando um mal-estar logo na sequência. Quando chegaram ao hotel do evento, um grupo de pessoas da organização estava conversando. Ficaram encarando André e Victor e vieram em sua direção. *Será que fizemos algo de errado?*, pensaram os dois.

Dito e feito! A organização do evento havia destacado pessoas do time deles para recepcionar os convidados no aeroporto, mas como ambos saíram pelos fundos, não passaram pelo saguão. Eles não sabiam que havia pessoas esperando, estavam com os celulares desligados e não tinham acesso fácil ao e-mail pelo celular. Eram outros tempos, afinal.

A comissão ficou irritada, pois fazia mais de três horas que estavam esperando no aeroporto, sem notícias. Mas, após as explicações, foi tudo resolvido.

André e Victor estavam na área, no hotel onde tudo aconteceria, e muito focados em voltar para casa com o caneco! Nada mais poderia abalar a dupla.

Até porque, logo que chegaram, eles entenderam que o prêmio era mais importante do que haviam imaginado inicialmente. E isso ligou o que eles chamaram de "modo competitivo", resgatando sua experiência anterior dos esportes. Encararam aquilo como mais um dos inúmeros campeonatos esportivos de que tinham participado na infância e adolescência. Embarcaram comemorando que pela primeira vez o Brasil seria representado na final dessa premiação, mas, ao se depararem com tudo o que estavam vendo e vivendo lá, perceberam que queriam mesmo era estar no lugar mais alto do pódio!

Porém, ainda teriam fortes emoções até o fim de semana. O material não estava redondo, precisava de ajustes e teriam somente uma noite para fazer as mudanças necessárias, treinar a apresentação, organizar quem falaria o quê e fazer um exercício sobre possíveis perguntas capciosas. Além disso tudo, teriam que definir em qual idioma iriam apresentar e responder às questões, em inglês ou espanhol, afinal de contas português não era uma opção.

Na noite de sexta-feira jantaram cedo, abriram seus computadores e verificaram o e-mail para ver se a versão final do vídeo tinha chegado. Esse vídeo era uma peça-chave da apresentação, a parte que deixaria mais lúdico todo o trabalho que eles vinham fazendo.

Uma versão quase final do vídeo estava lá, mas faltavam alguns ajustes que a produtora achou que seriam a cereja do bolo. Ansiosos, os dois passaram noite adentro decidindo exatamente o que falariam em cada parte da apresentação, o que seria de responsabilidade de cada um e quais seriam os slides em que trocariam de "apresentador". Na parte das perguntas, decidiram por uma nova distribuição, igual à usada no estande de vendas: perguntas em inglês seriam respondidas por Victor, e as feitas em espanhol ficariam a cargo de André.

Já na manhã do primeiro dia, a organização do evento sorteou a ordem das apresentações, e a Courri foi a segunda. O estande foi preparado e logo foram chamados para ficar na antessala, esperando para entrar no palco.

"Fomos tomados por aquele bom frio na barriga antes de qualquer competição. Estávamos na porta do 'campo de jogo', onde teríamos trinta minutos para mostrar tudo o que idealizamos por oito meses e que vínhamos construindo por outros oito meses", relataram André e Victor.

Era um momento em que não só o projeto estaria sob avaliação, mas também a decisão de sair de uma carreira tradicional para enfrentar novos desafios, empreendendo em um ramo totalmente novo, com uma causa nobre de ponto de partida. Querendo ou não, aquela seria a primeira vez que jurados iriam julgar a aposta de André e Victor em empreender com impacto, acreditando que a Courrieros poderia ser parte de uma engrenagem para mudar o *status quo* e que a empresa poderia ser "parte da transformação que queríamos ver no mundo" (Mahatma Gandhi).

"Ali tínhamos muito mais em jogo do que um simples projeto. Teríamos pela primeira vez a oportunidade de nos apresentarmos em público, e logo de cara para estrangeiros, o que nos fez tomar uma decisão menos óbvia, mesmo quando muitos ao nosso redor olhavam com ceticismo, dizendo que éramos idealistas, descolados da realidade, concluíram os amigos.

Começaram então a apresentação, e a sintonia, como sempre, foi um dos pontos fortes da dupla. Victor abriu com um ar descontraído e alegre, quebrando o gelo e espantando aquele frio da barriga, tão natural em um momento de tensão como esse. Logo passou a palavra para André e a tabela fluiu com naturalidade, em uma marca que seguiu toda a trajetória da Courri.

Era fácil saber quando um entrava na conversa, na reunião, na negociação, na entrevista, na apresentação. Da mesma maneira aconteceu na palestra, com ambos usando todo o tempo que foi dado, nem a mais, nem a menos. O vídeo fechou a apresentação com muitos aplausos de todos os jurados.

Tinham começado muito bem, mas agora seria o momento do tão temido Q&A e, no próximo dia, o *elevator pitch* para conquistar os jurados.

A primeira questão veio em espanhol, portanto caberia ao André responder. Pergunta capciosa, em que o jurado queria entender mais sobre a viabilidade financeira do projeto. A resposta foi direta e objetiva. Na sequência, uma em inglês, muito focada no potencial de escalabilidade do negócio. Foi Victor que, assim como seu sócio, respondeu de maneira direta e objetiva.

Assim seguiram por cerca de dez minutos, que para eles pareceram horas de sabatina. A questão é que ambos estavam muito confiantes; então, quando os jurados levantavam uma pergunta, por mais difícil ou complexa que fosse, eles davam respostas sucintas.

Após essa etapa complexa, vieram os comentários dos jurados. O primeiro foi inesquecível: "Apesar da pouca idade, vocês são muito 'arrogantes', transbordam confiança, o que acho ótimo para um empreendedor. Meus parabéns pelo projeto e pela postura aqui dentro".

Os demais jurados seguiram com tom mais amistoso, apenas parabenizando, dando a Victor e André a sensação de que tinham passado com bastante folga no primeiro desafio imposto.

Enquanto as demais empresas passavam por suas respectivas sabatinas, André e Victor estavam de volta ao estande para responder atenciosamente a todas as dúvidas que surgissem, buscando, claro, deixar uma boa impressão. E vale destacar que os jurados passavam constantemente por lá, observavam atentamente e traziam mais e mais questões.

Até o Secretário Geral da OEA, José Manuel Insulza, passou pelo estante e tirou uma foto com a dupla brasileira.

Mesmo que a premiação ainda não tivesse terminado, eles aproveitaram a noite para ir jantar e celebrar, em um bom restaurante local, o resultado do primeiro dia. Sem nunca se desconectarem, aproveitaram para repassar alguns pontos importantes para o dia seguinte.

Como haviam sido avisados que para o *elevator pitch* seriam realmente apenas trinta segundos, teriam que definir qual dos dois iria apresentar. Em tão pouco tempo, era inviável duas pessoas fazerem o rápido discurso empreendedor.

Victor chamou para si a responsabilidade e disse que poderia fazer o *pitch*. Voltaram ao hotel e ficaram repassando cada palavra do texto, para que, em apenas trinta segundos, fosse possível passar a mensagem que queriam, conquistando os jurados.

Na manhã de domingo, como era costume, os dois foram à missa semanal rezar e pedir tranquilidade para mais aquele dia que iria iniciar. Saindo de lá, fizeram uma aposta: "Se ganharmos o prêmio, vamos pular na piscina de terno e com o troféu, para comemorar a vitória".

Como era de se esperar, o dia decisivo passou bem rápido. Entre uma visita e outra ao estande, ambos aproveitavam para conhecer outros projetos e conversar com pessoas de outros lugares das Américas, com vivências distintas e as mais diversas empresas possível.

Logo no começo da tarde chegou o grande momento do *elevator pitch*. Auditório cheio, formou-se uma fila com as empresas. Cada uma tinha trinta segundos para falar, e então o microfone era cortado!

Adrenalina em alta! Victor se posicionou na fila, enquanto André ficou filmando e, claro, torcendo muito. Victor falou com a segurança de quem operava uma empresa de décadas de existência, de um projeto mais do que consolidado. Nem parecia que a Courri tinha pouquíssimo tempo de existência.

Passadas todas as apresentações, vieram os avisos finais e o tão aguardando momento do anúncio da empresa campeã. Ambos estavam confiantes, porém extremamente ansiosos, até porque as apresentações foram feitas de portas fechadas; então não tinham muita ideia do que a concorrência tinha feito.

Quando o *speaker* começou o anúncio, suas primeiras palavras foram "Direto do Brasil [...]". A partir daquele momento, os dois já não ouviram mais nada e estavam rumo ao palco, com Victor nos ombros de André, para buscarem juntos o troféu!

Um outro brasileiro, que também era finalista (sim, o Brasil, que antes nunca tinha tido um finalista, conseguiu emplacar três de uma vez, em categorias diferentes), emprestou uma bandeira verde e amarela e lá foram os dois para o palco, extremamente orgulhosos com o grande feito.

Faltaram palavras para descrever a imensa alegria daquele momento!

Os dois ainda fizeram as fotos oficiais, conversaram com vários candidatos ao título – ditos concorrentes – e se dirigiram então para o quarto, onde deixaram celulares, sapatos e o troféu. Terminado o evento, oficialmente, foram de terno pular na piscina, afinal as apostas existem para serem cumpridas!

De cabeça fria e relaxada, após o pulo na piscina, André e Victor juntaram os demais finalistas e saíram todos para comemorar em um restaurante local, com música tradicional.

Para eles, esse prêmio foi de uma importância enorme, não só pelos dólares conquistados ou pela experiência, mas por ter sido um grande empurrão, uma certificação de que estavam no caminho certo. Foi uma chancela de que toda aquela loucura tinha, sim, um sentido, era um verdadeiro atestado de que poderiam dar certo.

Sistema B é mais uma das fortalezas para a Courri

Quando alguém empreende do zero, com pouco apoio e verba limitada, é preciso buscar todas as alternativas possíveis para se destacar e ganhar visibilidade. A Courri teve alguns diferenciais, desde o princípio do projeto. E um deles era a pegada social.

Não demorou para que a companhia ganhasse o selo de "Empresa B". Isso significa que ela fazia parte de um rol de negócios que buscavam equilibrar propósito e lucro, além de sempre levar em consideração o impacto gerado por suas decisões sobre seus colaboradores, clientes e fornecedores, bem como sobre a comunidade e o meio ambiente.

Assim, a Courri logo se destacou como uma empresa de propósito. Já em 2015, a companhia ganhou um prêmio na 1ª edição do The Best for the World, um evento que buscava elevar ainda mais a régua do impacto social, destacando entre todas as empresas B do mundo quais tinham 5% mais impacto em todas as áreas de análise.

"Ganhamos esse prêmio da BMW Foundation. Uma das obrigações para a inscrição era se inscrever no Sistema B. Certificando-se, eles pagavam a anuidade. Assim começou nossa trajetória como uma das primeiras empresas B do Brasil", destaca André.

Depois, durante a premiação na Universidade de Berkeley, em Los Angeles, Estados Unidos, André e Victor conheceram Sérgio Castelo Serapião, CEO da Labora e presidente do conselho deliberativo do Sistema B.

"Fui para lá sozinho, não conhecia ninguém. De repente escuto dois caras falando português ao meu lado. Nos apresentamos e foi um match superbacana. Sempre nos demos bem", lembra Sérgio.

O executivo conta que desde então acompanhou a trajetória de André e Victor, porque eles se destacavam bastante, chamavam a atenção. "Uma empresa de logística baseada em bicicletas era algo muito novo para a época. Não tinha essa referência antes, nada parecido com a Courri. E não só pela questão ambiental, mas também pelo lado social".

As entregas sustentáveis feitas com bikes e a contratação de minorias, como cadeirantes e ex-detentos, além de pessoas em extrema pobreza, eram as principais credenciais para diferenciar a Courri de outras iniciativas do mercado.

"Outro momento marcante nas nossas trocas aconteceu anos mais tarde, quando a minha empresa fez uma série de formações para pessoas com mais de 50 anos se reinventarem e entrarem do mercado de trabalho. Convidamos André e Victor para abrirem as portas da Courri para a imersão de um grupo de seniores. Ali, mais uma vez, me chamou bastante a atenção que eles deixavam muito claro que além do impacto ambiental, o impacto social de inclusão era uma prioridade. Foi um momento de lucidez para todos do quão diferenciado era o trabalho que estavam fazendo".

Com iniciativas diferenciadas, a Courri ganhava espaço não apenas no setor de logística, mas também na imprensa, que sempre esteve ávida por boas histórias de quem estava fazendo a diferença.

"Depois de Berkeley, comecei a me engajar mais, até que em 2018 a Courri foi uma das empresas indicadas para ter uma cadeira no conselho. Conversamos, e eu assumi, ficando lá até 2020", comenta André. "O Sistema B foi uma grata surpresa, porque era um selo superexigente, mas ao qual nós, da Courri, não precisamos fazer ajustes, porque nossas políticas internas, rotinas e objetivos já se encaixavam nos parâmetros".

Mudança de CEP impulsiona a Courri

Antes do famigerado prêmio na Guatemala se tornar realidade, outro importante marco aconteceu na até então curta história de vida da Courrieros: uma mudança de CEP, que acabou impulsionando os negócios de André Biselli e Victor Castello Branco.

Quando a start-up saiu do papel, em outubro de 2012, a ideia era buscar rapidamente um endereço para fixar sede e comprar as primeiras bicicletas. Assim começaram a operar em uma sala alugada em uma sobreloja, localizada na avenida Pedroso de Moraes, 579. Eram apenas 25 metros quadrados, no bairro de Pinheiros, sem janelas, com apenas uma porta para um pátio de três metros, onde armazenavam as bicicletas e faziam as manutenções preventivas.

Todos os dias, ao entrar e sair, tinham que colocar as bicicletas nos ombros e subir um lance de escada, o que, posteriormente, custou aos sócios da Courri pintar todo o hall de entrada, escadas e corredor das salas do imóvel ao devolvê-lo ao proprietário.

Esse primeiro escritório não era nem de perto ideal para uma operação de ciclo-logística. Ficava em uma avenida movimentada e pouco segura, tanto para o trabalho quanto principalmente para quem estava pedalando. Além disso, a entrada era estreita para passar com as bicicletas e as mochilas cheias de entregas. Para completar, naquela época eles estavam em cinco ciclistas, dois sócios "faz-tudo", um operador e, em alguns dias, a irmã de Victor também como ajudante geral. Todos "enlatados" em uma salinha.

Não é preciso descrever o aperto e os odores indigestos, afinal pedalar no verão e no asfalto quente de São Paulo não favorecia a transpiração dos ciclistas. Era preciso se mudar, e se mudar logo, para um local mais adequado.

Foi quando o André descolou a casa mais aconchegante da cidade, incluindo as maiores jabuticabeiras de São Paulo! Foi amor à primeira vista e logo se tornou o lar da Courrieros pelos quatro anos seguintes.

A casa era grande, e eles não tinham grana pra bancar o aluguel todo. Por isso, pegaram uma salinha só no andar de cima, porém com o direito de uso do espaço externo para não ter que subir com as bicicletas.

A mudança de CEP começou discretamente a impulsionar a Courri, e não demorou muito para assumirem a casa toda. Foram reformando o local aos poucos e adicionando alguns espaços necessários, como vestiário e sala de descanso para os entregadores, além de uma mecânica que atendia todas as questões e fazia manutenção preventiva nas bikes. Assim, a casa de Pinheiros foi ficando com a cara da Courri.

O lugar era tão gostoso que eles decidiram que iriam comemorar uma vez por ano, no aniversário da empresa, junto com todos que faziam aquilo andar: ciclistas, famílias, clientes e amigos. Era um local acolhedor para todos os envolvidos.

A casa era ampla e cada cliente podia expor seu produto ou serviço. Eventualmente a turma chamava um *food truck* para garantir comida e bebida. Era uma alegria. Chegaram a fazer até camisetas e casacos comemorativos, que sempre esgotavam.

Com esse espaço maior e melhor, os sócios da Courri foram se permitindo ousar mais. Contrataram mais entregadores e pessoas para ajudar no escritório, que até então só funcionava à base de sócio.

Naquela época, começaram até a testar novos serviços. Em 2013, os aplicativos de entrega estavam começando a virar febre, e a palavra "delivery" era ordem nos restaurantes.

André e Victor montaram então um serviço que alocava seus entregadores treinados para alguns restaurantes. Deu muito certo, e por um bom tempo foi um dos serviços que mais faturava dentro da

Courri, ainda que não tenha sido o principal ativo que levou a empresa a chegar aonde está hoje.

Em busca da cultura da Courrieros

"Quando a gente começou a empresa, a gente 'só começou' mesmo", relembram André e Victor.

Sim, eles fizeram o famigerado *business plan*, gastaram alguns meses em previsões e projeções que se mostraram completamente inúteis pouco tempo depois. Mas a real é que eles só fundaram a empresa e começaram a trabalhar as necessidades do dia a dia da Courri conforme iam surgindo.

Inclusive, a questão da pequena sala comercial só aconteceu porque Victor e André aproveitaram uma viagem de Stefano, o sócio mais cauteloso e pé no chão, e fecharam o contrato de aluguel e a compra das bicicletas enquanto o terceiro parceiro estava fora de São Paulo.

Por começarem abruptamente, nunca houve uma conversa do tipo: "E aí, qual vai ser a nossa cultura?". A cultura veio de dentro para fora. Explicando melhor: não se sabia exatamente o que se queria. Havia os nortes, que eram os valores, como amor, respeito, trabalho, sustentabilidade e algumas outras coisas que os sócios tinham em comum e que queriam espalhar pelo mundo ao empreender.

Por outro lado, todos sabiam muito bem o que não queriam ser. Por exemplo, não queriam se parecer com os lugares onde os sócios já tinham trabalhado anteriormente, nos quais as prioridades eram coisas como dinheiro, ego, vaidade e politicagem. Ou seja, não queriam ter estruturas verticalizadas nas quais a voz do pequeno fosse irrelevante e a base da pirâmide sequer fosse ouvida.

E aí começaram seu próprio negócio, sem ambições de salários milionários ou escritórios glamorosos. O foco era a missão, trazer uma transformação e fazer as coisas de um jeito novo. Por isso, não olharam para o *playbook* de como criar uma cultura exemplar. E esta foi simplesmente brotando.

Foi assim que nasceu bike-teste, quando os sócios estavam tentando criar um filtro que evitasse que um maluco qualquer fosse contratado para pedalar pela cidade de São Paulo afora. É claro que o teste não ficou exatamente da maneira como foi criado. O modelo foi passando por ajustes e evoluindo até virar um modelo de contratação no segmento, inclusive para a concorrência.

Já mais maturado, o bike-teste tinha três etapas para serem cumpridas pelos candidatos. A primeira era a avaliação Courrieros, basicamente a mesma rotina que Victor fez com Julio, só que acompanhada por um ciclista experiente da empresa, analisando os potenciais entregadores. Depois vinha uma avaliação de prestação de serviços, em que um entregador experiente observava e explicava como atender um cliente Courrieros, sempre com cordialidade e de uma maneira distinta. Por fim, ocorria o estudo do perímetro, uma volta de 36 quilômetros por São Paulo que cobria a maioria das áreas de atendimento da companhia.

Essa última era a parte mais temida, porque boa parte dos ciclistas não vinham da área central da capital. A ideia era avaliar a capacidade que os candidatos demonstravam ter para entender o mapa e se virar pelas ruas. O circuito tinha que ser percorrido em um limite de tempo. Mas vale lembrar que naquela época o Waze não existia e o Google Maps era coisa de celular de rico.

Para comprovar que tinha realmente feito o perímetro, o ciclista tinha que voltar com sete fotos de sete pontos icônicos.

O bike-teste virou um verdadeiro o rito de passagem. Todos o adoravam e cada um carregava com orgulho a sua marca no perímetro. Inclusive promoviam entre si outros perímetros para melhorarem suas marcas. Foi o primeiro movimento de "cultura da empresa" que cresceu naturalmente dentro da Courri.

Aos poucos, foram nascendo outros eventos que ajudaram a cimentar a cultura de jovens que não se acomodavam com o estado ruim em que a logística se encontrava.

Assim nasceu a pizzada quinzenal, uma maneira mais do que descontraída de ter uma conversa aparentemente séria. Tratava-se de uma avaliação e reunião 360, em que todos tinham voz igual à dos fundadores, contavam sobre as experiências positivas e negativas na rua e ajudavam a construir uma prestação de serviços mais sólida e real. Uma verdadeira resenha infinita!

Na mesma tocada, passaram a jogar regularmente futevôlei todas as manhãs, antes de iniciar a jornada de trabalho. Diariamente, o operador de entregas tinha que esperar o lote dos clientes chegar fisicamente (os próprios pacotes) ou digitalmente (arquivo importado pelo aplicativo Courrieros). Nessa espera, o futevôlei na garagem foi crescendo e ficando relativamente competitivo. A maior graça era ganhar dos fundadores, claro, ou vê-los escorregar nas pedrinhas.

O espaço da garagem era grande, e a pizzada evoluiu para um churrasco quinzenal, além de servir de sede para inúmeros happy hours. Todo mundo jogava junto e se conhecia; os encontros envolviam a equipe completa, da operação até o administrativo.

O grande diferencial da Courri, que de fato moldou a cultura da empresa, era essa administração horizontal, em que todos eram ouvidos e participavam ativamente das decisões, trazendo o olhar de quem está na base da pirâmide.

Essas trocas acabavam naturalmente destacando algumas figuras inesquecíveis, que, sem dúvida, ajudaram a moldar a cultura da Courri. Marquito era uma dessas figuras. Para começar, porque teve de tudo para não ser contratado. Tinha uma história difícil, era um jovem de pouco compromisso com o trabalho e, para piorar, não tinha experiência pedalando nas ruas. Menos ainda em olhar e se guiar por mapas, mesmo aqueles on-line nos primórdios dos smartphones. Mas, para ele, isso não importava. Marquito estava decidido que a Courrieros seria sua casa e que ele ia dar um jeito de passar no bike-teste.

Depois da terceira tentativa, passou e se tornou um dos melhores colaboradores e um verdadeiro líder entre os meninos.

Marquito dizia que a Courrieros estava tão enraizada nele que iria tatuar o slogan na pele. Dito e feito, e até hoje ele carrega a frase "Pedalando a gente chega lá" na pele.

Ele é apenas um dos inúmeros exemplos de pessoas que fizeram parte dessa grande família, uma empresa que sempre buscou um objetivo maior: que as pessoas saíssem de lá melhor do que entraram.

Através de sua determinação e empenho, Marquito fez seu sonho se tornar realidade e passou a sonhar junto com os sócios da Courri, afinal de contas, como diria Raul Seixas, "sonho que se sonha só é só um sonho que se sonha só; mas sonho que se sonha junto é realidade".

E assim foi sendo criada a cultura da empresa, de maneira mais do que natural. A Courrieros tinha um ar muito alegre. Era difícil chegar à sede da empresa e não ter um ciclista fazendo brincadeira ou contando "causos" e piadas. A endorfina ajudava, claro, mas lá as pessoas eram felizes no trabalho e transbordavam esse sentimento nas risadas constantes.

Na Courrieros, o propósito falava mais alto. Nunca foi algo da boca para fora. As pessoas lá realmente saiam melhores do que entravam. Outra história que comprova esse apelo é a de Daniel "Chupa-cabra". Como a maioria, era um homem de origem muito humilde. E o que fez Daniel ficar muito próximo aos sócios foi algo que lhe faltava. Ele era analfabeto e virou missão da diretoria ensiná-lo a ler e escrever, afinal de contas, a companhia tinha um aplicativo e a comunicação muitas vezes era feita somente através dele. Daniel não saber ler poderia ser um impeditivo muito grande para o desenvolvimento dele na empresa.

Tinha seu caderninho e suas lições de casa, sendo cobrado todos os dias. Não teve jeito, virou um grande amigo de todos os colaboradores. Tão amigo, que quando terminava suas entregas do dia, Daniel ligava para a base para saber se teria mais entregas disponíveis, mas não sem primeiro passar um trote no operador: "Boa tarde, tudo bem? Gostaria de fazer um pedido de cinco galões de água. Oi, vocês não vendem galão aí? Pode ser garrafa então. Preciso que seja entregue hoje".

É claro que nem tudo eram flores. Os dias de chuva eram os piores. Não tinha o que fazer, bônus, capa de chuva ou prêmios, nada funcionava. Mas boa parte da força da cultura Courrieros veio desses dias.

A turma da Courri saia para a rua, fazia suas entregas, ficava para atender os contratos com restaurantes e deliveries. Não havia tempo para ego. Era o momento em que todos mostravam a força do time, um correndo pelo outro e fazendo as vezes, ninguém deixaria um cliente na mão. Independentemente do cargo ou função, o foco estava no cliente e em atendê-lo bem, sempre com alegria e presteza.

Victor é prova viva da ideia de que todos jogavam juntos e cobriam as lacunas, sem considerar a posição na empresa. Certo dia, ele ficou preso num alagamento e encontrou um amigo da escola enquanto fazia entregas de lanches. Na mesma hora, Victor recebeu aquele olhar de desprezo. "O que você tá fazendo da vida, cara?". Se para muitos aquela era uma situação vexatória, internamente os Courrieros viam como algo muito positivo. Eles identificavam num caso desses o compromisso dos sócios com a empresa e a equipe. O saldo era muito positivo, criava uma sensação de pertencimento para todos os membros da equipe!

O respeito e a amizade mútuos eram percebidos em uma via de duas mãos. Os meninos da entrega faziam uma ciclo-viagem até duas vezes por ano, que normalmente consistia em sair de São Paulo e ir até o litoral pedalando. Os sócios sempre eram convidados e foram uma vez. Para a surpresa de todos, ninguém ficou para trás no pedal.

Então a cultura da Courri foi se enraizando cada vez com mais força. E não tinha como ser diferente. Era onde seus corações estavam naquela época – inconformados, passionais, muito "família" e obstinados no trabalho.

Os sócios nunca desistiram, nem os meninos da equipe.

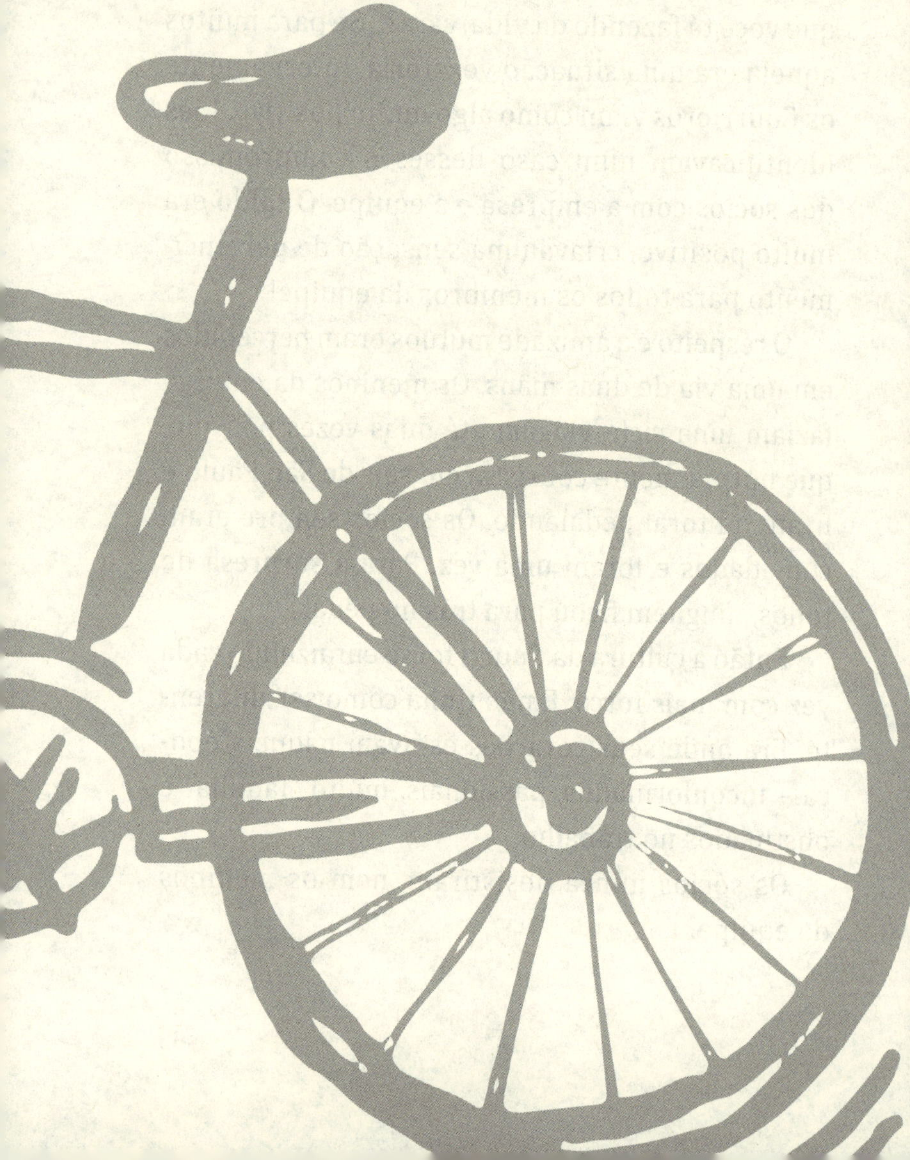

CAPÍTULO 3

Same day delivery chama atenção das grandes varejistas

Conforme os meses passaram, a Courrieros foi ajustando seu modelo de negócios às necessidades do mercado. A entrada no e-commerce se deu após uma reunião muito animadora com a Netshoes, que foi a primeira a oferecer em seu site as entregas "superesportivas". O case foi um sucesso dentro e fora da empresa, e chegaram até a testar outros modais, como skate e corrida, com a Courri.

Além de arriscar ao implementar um serviço nunca visto no e-commerce, a Netshoes criou um vínculo forte com a Courri. Mais para a frente, mostrou-se um parceiro crucial na história da empresa por conta dos testes dos até então "conceitos futurísticos" de micromobilidade.

"Eu diria que esse contrato com a Netshoes foi umas das primeiras grandes conquistas da Courri. Na época, tínhamos vários clientes pequenos, e a Netshoes não só era gigante no volume de entregas, mas também uma mudança radical no perfil de clientes, no mercado de atuação e, por consequência, no impacto que poderíamos ter", destaca Stefano.

Afinal, eram entregas diárias em dois turnos, até aos fins de semana, com quilometragem muito maior. Era preciso muito mais ciclistas treinados; por outro lado, muito mais carbono era evitado.

"Além disso, abrimos a porta para o mundo do e-commerce, inimaginado no nosso primeiro esboço do negócio, e o mercado que levou à aquisição da empresa alguns anos depois. Hoje vejo que fomos peça-chave numa mudança radical no mercado de logística de *last mile*, algo que ainda não era tão amplamente abordado na época", complementa Stefano.

Naquele momento, além da Netshoes, a Courri já entregava pequenos volumes vendidos pelo e-commerce para outras empresas conhecidas nacionalmente, como Reserva e Nespresso. E uma expressão estava em alta, o *same day delivery*, ou a entrega no mesmo dia, em tradução literal.

O consumidor brasileiro estava apostando cada vez mais nas compras on-line, e a entrega tem um papel fundamental nesse tipo de transação. Afinal, ninguém quer ficar esperando tempo demais para receber suas compras.

Um dos clientes que primeiro apostaram no modelo de *same day delivery* foi o Walmart.com, muito impulsionado pelo então Chief Operating Officer (COO) da companhia, Guillermo Formigoni, um argentino radicado em São Paulo.

"Eu era diretor de *supply chain*, meu papel era surpreender o cliente. Naquela época não se falava em *same day delivery*, e quando conheci André e Victor, as pessoas ficavam de queixo caído. Eram dois moleques, eu queria fazer um teste piloto e meu chefe falava que eu era maluco", relembra Guillermo.

Os diretores do Walmart estavam com receio, afinal os produtos que entregavam eram, entre outros, celulares. Itens caros para um projeto que consideravam bastante arriscado.

"Mas eles me convenceram. Eram dois guris com muita energia, acreditavam muito no negócio deles, eram exemplo de garra, empreendedorismo, resiliência; caras diferenciados, de verdade. Tinham um serviço muito diferenciado para aquela época, e eu sempre acreditei muito no ESG (Environmental, Social and Governance ou ambiental, social e governança, em tradução livre)."

Os executivos do Walmart fizeram questão de entrar em contato com os clientes, que ficavam surpresos ao ver que entrega havia chegado no mesmo dia e ainda por cima de bike.

Quem também ajudou a impulsionar o negócio foi o pessoal da Reserva, que além de cliente, era um dos maiores entusiastas do projeto. Isso levava Victor a constantes viagens ao Rio de Janeiro, mantendo sempre uma relação muito próxima e amigável. A parceria inclusive abria portas para ele tentar trazer novos clientes para o time carioca da Courri, já consolidado em 2014.

Uma coisa na qual Victor e André sempre acreditaram era que *planos e ideias são legais, mas são "só vento" sem uma boa execução*. E nem sempre é fácil tirar do papel boas ideias.

Certo dia, em uma tarde ensolarada em Pinheiros, Victor trabalhava no aquário, enquanto André estava no segundo andar com o time financeiro. O time do Rio telefonou, trazendo novidades após uma reunião com a Reserva. Isso era praxe, eles sempre ligavam ao final das reuniões para reportar quaisquer mudanças que tivessem sido solicitadas pelo cliente e como todos poderiam operacionalizar e melhor atendê-los.

Porém, naquele dia foi diferente.

Alexandre Messina, do Rio, estava superempolgado na ligação e trouxe a notícia de que poderia surgir ali um primeiro passo da venda da Courri a um dos seus clientes estratégicos. Os sócios de São Paulo fecharam a porta do aquário e escutaram atentamente ao relato detalhado da reunião.

"Começamos a negociação errado", foi a conclusão de Victor e André logo após a conversa por telefone.

Primeiro, porque a equipe da Reserva gostaria de que todos tivessem ido à reunião, mas o pessoal da Courri não tinha entendido o recado, achando que era mais uma reunião comercial rotineira. Segundo, porque até então nunca tinham pensado em venda ou em investidor estratégico. Na cabeça deles era a Courri caminhando com suas próprias pernas. Eles achavam que ainda não era o momento, mas, por outro lado, não queriam perder a oportunidade, nem que fosse só para o aprendizado.

De todo modo, essa reunião iniciou uma nova fase para a Courri e fez com que os sócios pensassem em outros modelos de escala, outros investimentos em tecnologia e em um futuro diferente. Victor e André precisavam refazer o *business plan* da companhia, imaginar novos potenciais voos que pretendiam alçar, até onde poderiam chegar e qual seria o futuro da logística.

Fizeram inúmeras reuniões com a equipe da Reserva para montar um modelo do que seria a nova empresa, remodelada e com novo nome, mais descolado, algo mais próximo e parecido com o perfil e estilo da Reserva.

Surgiu assim a Bolt, empresa de *same day delivery* derivada da Courri. Entregas expressas, saindo das lojas, atendendo o cliente em minutos, com bikes, skates e todos e quaisquer modais descolados que pudessem imaginar.

Ali, basicamente, foi idealizado algo que depois a Rappi veio e fez com muita propriedade.

Mas o projeto da Bolt não foi para a frente. Foram feitas diversas reuniões com o Rony Meisler, cofundador da Reserva, e seus sócios. Pensou-se a estratégia de futuro das empresas, mas a conclusão geral foi a de que o projeto não era o mesmo que a Reserva vislumbrava com a Courri.

Tempo perdido? Não, mesmo! Esse foi apenas um prelúdio do que estava por vir mais tarde.

CAPÍTULO 4
Shark Tank traz visibilidade à Courri

Outro marco importante na história da Courri foi a participação na primeira temporada do programa *Shark Tank Brasil*, do Sony Channel. O ano era 2016 e a empresa tinha acabado de concluir uma jornada de captação de recursos, quando os sócios foram procurados por uma diretora de TV para participar do programa.

Toparam, é claro!

Afinal, após captar sua primeira rodada de investimentos, a Courri não tinha muito a perder, mas muito a ganhar com a entrada no show. Seria uma exposição de marca que até então eles não haviam conseguido.

O *Shark Tank* oferecia pelo menos cinco minutos em rede nacional para cada empreendedor falar do seu modelo de negócio. Foi uma grande experiência e parte de um processo de amadurecimento dos empreendedores. Imagine você ser sabatinado em um programa que iria ao ar, sem ter qualquer controle sobre o material que seria apresentado ao público, com pessoas muito experientes ouvindo, questionando e decidindo se colocariam dinheiro ou não.

Foi transformador!

Mesmo não tendo fisgado nenhum dos tubarões, o programa trouxe grandes aprendizados aos sócios. Do ponto de vista de segurança e autoconfiança, por exemplo, trouxe um entendimento de que estavam no caminho certo, deixando de ser entusiastas apaixonados e se tornando cada vez mais empreendedores, empresários do setor de logística. O programa ajudou muito nesse entendimento e fez crescer a confiança na condução dos negócios.

A superexposição teve efeito e, de uma semana para a outra, a Courri teve um aumento significativo de clientes, um grande número de pedidos de entrevistas e conquistou algumas premiações interessantes.

Também recebeu uma enxurrada de pedidos de franquia. André e Victor montaram uma planilha com mais de 150 pessoas interessadas em ter uma franquia da empresa que fundaram. E aqui, um adendo, a Courri não era uma marca franqueadora.

Sempre muito otimistas, os dois gostaram da ideia e acharam que não deveria ser tão complicado fazer esse tipo de expansão.

Afinal, segundo a Franchising Brasil, naquele ano o mercado de franquias apresentava crescimento na ordem de 8%, sendo o quarto maior do mundo no setor, faturando 150 bilhões de reais ao ano. O segmento de negócios e serviços, no qual a Courri atuava, tinha crescimento ainda mais acelerado, de 10% ao ano.

Victor foi então conversar com o pai de um dos seus melhores amigos, Mario Carneiro, que tem uma das maiores e mais renomadas marcas franqueadoras do país. Porém, a alegria durou pouco, diriam. Depois de uma verdadeira aula, Victor procurou André e desabafou: "Acho que vai ser mais difícil do que a gente imagina".

Seria preciso desenvolver um sistema de gestão ou contratar uma empresa terceirizada para controlar os franqueados, investir dez vezes mais em marketing do que era feito até então e ter algo que os diferenciasse claramente para que o franqueado não virasse as costas e montasse algo igual com a sua própria marca.

Por outro lado, os sócios acreditavam que poderiam prosperar com o modelo de franquias, por um motivo principal: seus contratos com grandes clientes. "Em tese, bastaria ligarmos para o pessoal da Netshoes, por exemplo, e dizer que estávamos abrindo uma base nova em Curitiba (PR), para eles ligarem a 'torneira de pedidos' por lá também". Decidiram, então, seguir planejando.

Pegaram o budget da captação que haviam feito e fecharam contrato com a maior consultoria de franquias do país. Em paralelo, decidiram abrir uma filial no ABC, região da grande São Paulo que engloba Santo André, São Bernardo e São Caetano, para ver como seria operar uma franquia e a relação de ter outra base com seus clientes, além da logística de abastecimento dessas novas bases.

"Erramos, e erramos feio, nosso modelo não parava de pé!", concluíram.

A logística para enviar pedidos às potenciais novas bases somadas ao custo de royalty sufocaria o franqueado. Além disso, mês após mês os sócios da Courri foram se decepcionando cada vez mais com a consultoria, que parecia querer simplesmente empurrar um modelo pronto e só dizia o que eles queriam ouvir.

A realidade, porém, era muito diferente. Entender o que eles faziam não era simples, ainda mais que, nesse caso, a maior parte dos clientes, mesmo quando se tratava de uma operação de serviços, era detentora dos produtos utilizados ou comercializados naquele serviço.

Sendo assim, a consultoria não tinha nada parecido com uma start-up de entregas conscientes, focada em velocidade, mas também inclusiva, que usasse o seu negócio para transformar a vida das pessoas.

A Courri até chegou a ter uma venda para um franqueado de Campinas e Indaiatuba, cidades relativamente próximas à capital paulista, porém tiveram que voltar atrás e engavetar esse sonho. Ficou muito claro para todos os envolvidos que o modelo não era aquele de prateleira que estavam tentando empurrar para eles, e que, se fosse realmente introduzido, a conta não fecharia.

"A nossa expansão geográfica não aconteceria naquele ano ainda", relembram Victor e André.

Para sorte deles, foi uma pessoa contratada há pouco tempo para o financeiro, Julia Bludeni, que bem observou que o modelo de franquias proposto não seria viável. Julia logo virou uma peça-chave no seu setor, sempre agregando muito à cultura Courrieros, misturando uma enorme competência profissional, com alegria e leveza. Ela era a pessoa dedicada ao projeto de expansão, lidando diretamente com a consultoria e fazendo também algumas visitas de campo, entrevistas e reuniões, além de ser quem alertou os sócios sobre as franquias.

Mas, voltando ao *Shark Tank*, o programa realmente trouxe grande visibilidade à Courri, assim como aconteceu com o prêmio na Guatemala, em 2013. Três anos mais tarde, a empresa já estava muito mais consolidada no mercado. Na época, a Courrieros contava já com mais de setenta entregadores e oferecia vários diferenciais, como um sólido seguro para documentos e encomendas transportados.

Havia também o compromisso ecológico, claro, com as entregas de bicicleta nas curtas distâncias e com motos e carros elétricos nas mais distantes, podendo assim manter a proteção ao meio ambiente. Para cidades como São Paulo, com trânsito turbulento, engarrafado e poluidor, a empresa era a solução perfeita para o setor de logística.

Quando André e Victor entraram no estúdio para tentar seduzir os "tubarões", a Courri já realizava cerca de 9 mil entregas mensais em São Paulo e no Rio de Janeiro. No pensamento dos sócios, com aporte financeiro de um dos empresários do

Shark Tank eles poderiam em breve expandir para outras praças, como Recife e Porto Alegre.

André e Victor aproveitaram bem os minutos que tinham frente a frente com os tubarões. O desafio era muito grande, uma vez que o programa seria posteriormente editado ao gosto do canal. A ideia era ser sucinto, porém cativante o suficiente para arrumar um investidor.

Ainda que o resultado não tenha sido exatamente o que os sócios da Courri esperavam e que nenhum tubarão tenha de fato entrado no negócio com eles – João Apolinário até chegou a fazer uma proposta, mas eles não aceitaram –, André e Victor saíram de lá com nada menos que três reuniões agendadas com empresários participantes do programa – Carlos Wizard (então dono do grupo Multi Educação e da rede Mundo Verde) e Robison Shiba (dono das redes China in Box e Gendai), para possivelmente realizarem entregas em suas empresas, além de Cristina Arcangeli, para uma eventual parceria em marketing.

Mais um saldo positivo para os sócios da Courrieros, que não tinham medo de dar a cara a tapa nem mesmo em rede nacional.

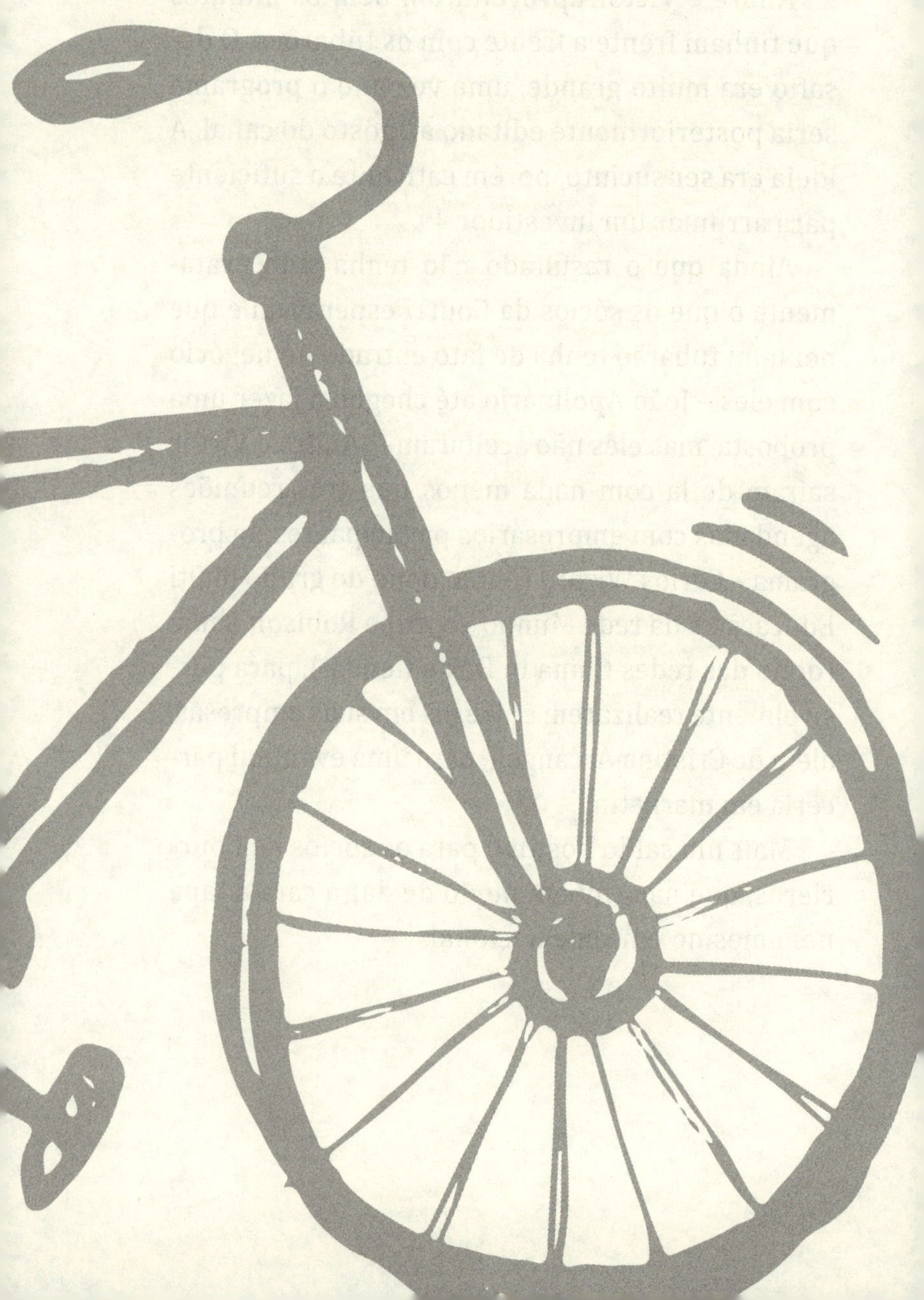

CAPÍTULO 5

Acidente abala as estruturas da Courri

Muito antes de sonhar em aparecer na televisão, 2014 estava representando um período muito bom para a Courri. Assim como muitas outras empresas nacionais, todas estavam surfando na onda da Copa do Mundo da FIFA. Os investimentos estavam em alta. Os negócios e as entregas de bike também. As pessoas viam um jogo, compravam a camiseta das seleções que estavam em campo e recebiam no mesmo dia. O primeiro semestre da companhia tinha sido um enorme sucesso.

Tudo na Courri fazia muito sentido, mesmo com erros pontuais aqui e ali. Porém, um acidente fatal tirou o sono dos sócios por muito meses. A morte de um colaborador é um peso que se carrega eternamente, ainda que tenha se tornado um marco de amadurecimento, na dor – algo que ninguém gostaria de ter tido.

Ainda que seu negócio tivesse um impacto social e ambiental fantástico, era preciso mitigar os riscos ao máximo, e a empresa passou a ser ainda mais rigorosa em todos os sentidos. Além disso, tiveram grande apoio dos funcionários, que falaram que aquele também era o sonho deles, uma liberdade profissional que não gostariam de perder.

O acidente foi, sem sombra de dúvidas, o momento mais duro da história da Courri. Fez todo mundo refletir se estavam no caminho certo.

Foi numa segunda-feira, 27 de outubro de 2014, dia seguinte à reeleição da então Presidente Dilma Roussef. Um dia em que os ânimos estavam à flor da pele, após uma votação com margem pequena em segundo turno. Os apoiadores do governo mal podiam acreditar que haviam ganhado no estado de Minas Gerais, reduto do candidato derrotado, Aécio Neves. Os partidários do tucano ainda digeriam a derrota.

Fazia muito calor. Todos chegaram ao escritório cedo, como de costume, e foram direto para os seus afazeres. A Courri contava com apenas um operador, Luiz Gustavo, então no seu horário de almoço. Alguns dos sócios faziam as vezes de operador, atendendo ao telefone, designando ciclistas e realizando a interface com o cliente.

Existia um ritual de passagem segundo o qual o operador que estava deixando o turno revisava a lista de ciclistas, um a um, explicando onde estavam, para quais trabalhos estavam designados e se já tinham ou não feito a sua pausa para o almoço.

Naquele dia, André estava no posto. Ele havia acabado de receber o relatório e tinha em mãos a informação de que um ciclista apelidado de Alemão (havia dois com este mesmo apelido) estava na região da Vila Olimpia, com alguns trabalhos para a região da Paulista. Sua recomendação era o retorno do entregador para a base, onde almoçaria, pegaria alguns outros documentos que lá estavam e, então, seguiria para a Avenida Paulista.

Eram aproximadamente 12h30 quando o telefone tocou, e um ciclista chamado Jacques, do outro lado da linha, informou que o Alemão havia sofrido um acidente na Avenida Paulista. Ele sugeriu que alguém da Courri fosse ajudar, mas não passou a dimensão do problema. Chegou até a aventar que era algo ligado ao calor.

Passou as coordenadas; o local era próximo ao cruzamento com a Avenida Brigadeiro Luís Antônio.

André imediatamente telefonou para Julio, também apelidado de Alemão, afinal de contas ele seria o único entregador que estaria passando pela região da Paulista naquele momento. Logo de imediato, o rapaz atendeu, com seu bom humor costumeiro. Foi questionado se tinha sofrido algum tipo de acidente, mas deu uma negativa.

De volta à planilha em que havia anotado todos os ciclistas, os locais onde estavam e para onde iriam, André reparou que o outro ciclista apelidado Alemão tinha entregas na Paulista, mas que não deveria ir direto, mas passar na base para almoçar e pegar as demais entregas para aquela região.

Após diversas tentativas de ligação, sem respostas, André foi com o entregador Vinícius ao local do acidente, ainda com a informação de que, possivelmente, havia sido causado pelo calor. A ideia deles era colocar a bicicleta no carro e, se necessário, ir com Alemão de ambulância para um hospital. Quem sabe até poderiam levá-lo de carro para o pronto-socorro. Até então, todos acreditavam ser algo bem leve.

Chegando ao local, entretanto, André viu uma cena que jamais esquecerá. Rua interditada, um trânsito caótico, um ônibus parado no cruzamento das avenidas, com o vidro da frente trincado... Quando ele olhou bem, viu uma bicicleta completamente destruída embaixo do ônibus.

Havia muitos pedestres na rua. André conta que lembra pouco, porque perdeu completamente o chão. Eles nunca tinham, nem em seus piores pesadelos, imaginado que algo assim algum dia poderia acontecer.

O cenário foi inesquecível. Uma camiseta da Courri, "nosso uniforme", lembra André, rasgada no chão!

Inúmeras seringas de adrenalina, um silêncio ensurdecedor. O mundo girando embaixo de seus pés. A bicicleta esmagada embaixo do ônibus, o vidro trincado.

Alguns policiais e muitos transeuntes. Em conversa com eles, foi possível descobrir o hospital para o qual haviam levado Alemão.

André e Vinícius foram o mais rápido possível para o Hospital das Clínicas, referência em São Paulo para traumas, ligado à Universidade de São Paulo (USP).

Os dois entraram correndo, conseguiram passar as barreiras naturais de um hospital desse porte com certa agilidade.

"Confesso que é muito confuso ainda, como isso tudo se deu e o tempo que levamos. Quando olhamos, estávamos em um corredor, ao lado da sala em que estavam atendendo o nosso ciclista", relembra André.

Após alguns minutos, o cirurgião-chefe responsável pelo atendimento saiu da sala e disse que Alemão estava com parada cardíaca e que, se não conseguissem trazê-lo de volta em poucos minutos, mesmo que voltasse, dificilmente ficaria sem muitas sequelas.

André colocou, então, o cronômetro no relógio e os dois ficaram aguardando, rezando pela recuperação do amigo. O tempo voou, passou muito rápido, mas o médico retornou e não trouxe boas notícias. Ele informou que o tempo havia passado e que seguiriam tentando, mas que até agora não tinham tido muito êxito.

Os minutos seguintes nem foram muitos, mas pareceram uma eternidade para André e Vinícius, na sala de espera.

Até que, após alguns instantes, médicos e enfermeiros começaram a sair da sala, um a um... Por fim, o chefe dos médicos veio até dois e informou que o pior havia acontecido.

"Nosso querido Alemão havia descansado e feito seu pedal até o céu".

André perdeu o chão, mais uma vez. Por puro impulso, telefonou ao Victor, que estava almoçando naquela hora. Do outro lado do telefone, seu sócio não podia acreditar... Alemão havia começado a trabalhar com eles apenas alguns dias antes, na data de aniversário da empresa, que era o mesmo dia do seu próprio aniversário.

Ele já trabalhava como entregador há anos e era um ótimo ciclista – não apenas para entregas, mas também em provas de ciclismo. Alemão era um triatleta amador, tinha um pedal muito forte.

Apesar do pouco tempo que estava na Courri, era um ciclista que sempre ficava após o expediente para uma boa resenha sobre bicicletas ou mesmo para se alimentar – afinal, como bom atleta, comia o dia inteiro.

Victor também ficou completamente desnorteado. Caiu no choro assim que ouviu a notícia. Depois de ouvir de André, incumbiu-se em ligar para a mãe de Alemão. Após o telefonema, juntou-se a Lucas Mello, que era o operador noturno e posteriormente viria a ser sócio da empresa, e ambos foram buscar a família do ciclista para levar ao Instituto Médico Legal (IML), onde André aguardava maiores informações. Porém, como não era familiar, não poderia recebê-las.

Foi uma longa noite em que ninguém dormiu. Ambos sentiam um imenso peso nas costas. Eram muito jovens, André com 24 anos e Victor com 25. Foi impossível evitar que nesse primeiro momento o pensamento que viesse às suas cabeças fosse bem negativo: "Nosso sonho tinha causado uma morte".

Foi um momento decisivo da empresa. No dia seguinte, os sócios decidiram dispensar todos os ciclistas e marcaram um bate-papo para a próxima manhã. Logo seguiram para a cidade de São Caetano, onde seriam realizados o velório e o enterro do amigo e entregador.

A fatídica reunião da manhã seguinte começou com cada membro da Courri fazendo suas homenagens e falando palavras sobre Alemão, e então seguiu com uma deliberação fundamental para a empresa. Eles iriam tomar uma decisão coletiva: se a companhia deveria ou não seguir adiante depois do ocorrido.

O ciclista mais próximo de Alemão, Edu, amigo pessoal e que o havia trazido para a empresa, chamou a palavra e disse: "Aqui acho que posso falar em nome de todos. Vocês estão preocupados e com o sentimento de culpa, mas vale lembrar que o sonho não é só de vocês, ele é de todos nós. Amamos pedalar e estar nas ruas, esse emprego nos permite fazer o que amamos e ser remunerados por isso. Estamos juntos com vocês neste sonho".

Após esse discurso, os demais ciclistas reafirmaram o que havia sido dito e ficou decidido, de forma unânime, o prosseguimento da empresa.

Ato contínuo, André e Victor resolveram fazer outro anúncio, afirmando que todos aqueles que quisessem sair da Courri seriam demitidos para que recebessem a multa do FGTS, bem como os benefícios decorrentes do desligamento.

Apenas dois ciclistas resolveram sair. Um deles foi o próprio Vinícius, que havia presenciado tudo tão de perto que não conseguiu prosseguir. Era algo até esperado pelo trauma que presenciara. Ele ainda continuou a visitar a sede da Courri por alguns anos, afinal todos mantiveram uma ótima relação, mas as ruas se tornaram locais em que ele não gostaria mais de trabalhar. Todos respeitaram a decisão, claro.

Após as definições, algumas perguntas continuaram abertas, sem respostas: por que ele resolveu mudar a rota e ir direto para a Avenida Paulista, e não vir primeiro até a base? O que ele tentou fazer, uma vez que era um ciclista superexperiente? São perguntas que jamais serão respondidas e deixam um vazio no coração de todos os membros da equipe.

"Esse foi o dia mais triste de nossas vidas, não só profissional, como pessoal. Muitas das nossas decisões posteriores foram marcadas por esse acontecimento. Uma vez que não tínhamos como voltar no tempo, o que nos restava fazer era tirar o maior aprendizado possível e sair disso melhor do que entramos", definem André e Victor.

Imagem por Quintessa.org.br

Victor e André para o Quintessa (aceleradora), 2015

Imagem de acervo pessoal

Time de SP, 2015

Victor e André para o Quintessa (aceleradora), 2015

Imagem por Quintessa.org.br

Imagem de acervo pessoal

Aniversário de um ano

4 | O GLOBO | ZONA SUL
Quinta-feira 17.9.2015

Imagem de acervo pessoal

Pedaladas rumo à eficiência

Rapidez e preços em conta impulsionam o crescimento do serviço de entrega com

MARCO STAMM
marco.stamm@oglobo.com.br

Uma frase, cunhada pela jornalista e cicloativista Renata Falzoni, é recorrente entre os ciclistas. "Tá com pressa? Vá de bike". E não é apenas opinião ufanista dos apaixonados pela magrela. No último desafio intermodal, realizado ano passado pelo Instituto CicloBR, a bicicleta foi três minutos mais rápida do que a moto e 40 minutos mais veloz do que o carro, num percurso de dez quilômetros. Sem contar a eficiência ambiental. São notícias como esta que fazem a entrega com bicicleta, um serviço já popular na Europa e nos Estados Unidos, crescer no Rio, tendo opção de coleta e de entrega numa área que vai da Zona Sul à Tijuca.

A empresa mais recente a se instalar na cidade é a Ecolivery Courrieros, em Botafogo desde fevereiro. Lá a entrega é feita por cinco ciclistas mais os sócios Alexandre Messina e Vinícius da Justa. Além de trazer uma carteira de clientes da filial paulista, a empresa aposta na sustentabilidade para alavancar o negócio.

— Na crise, as pessoas querem economizar e preferem um *bikeboy* a um motoboy. O custo é até 40% mais em conta do que a moto, pois não usamos combustível e não temos a depreciação de uma moto — explica Da Justa.

Outra vantagem é a agilidade no trânsito. Um bom ciclista consegue acompanhar uma moto no corredor e, por ter um guidão menor, é mais ágil para passar entre os carros.

— Numa distância de até 12 quilômetros, os testes mostram que a *bike* é o veículo mais rápido em uma grande cidade. Sem contar que não poluímos. Nossos relatórios mostram que desde fevereiro deixamos de emitir 2,5 toneladas de gás carbônico nas cerca de três mil entregas que já fizemos — enfatiza Messina.

Foi o interesse pela sustentabilidade que fez o empresário Ricardo Dullius procurar a bicicleta. Atualmente, diz ele,

Ecológicos. Messina (à esquerda) e Da Justa, da Ecolivery Courrieros

90% das entregas da Vandal (marca de camiseta vendida pela internet) no Rio são feitas com a força dos pedais.

— A participação só não é maior porque tem áreas onde a *bike* ainda não entrega. A bicicleta é melhor, mais segura e confiável, além de ser sustentável, o que tem tudo a ver com a nossa marca — afirma Dullius.

Para uma entrega eficiente,

é necessário ter bons ciclistas. Foi seguindo esta lógica que amigos do pedal fundaram, há três anos, a Ciclo Courier, uma empresa que preza pela administração horizontal, na qual, segundo Alexandre Magno, "todos pedalam e cumprem alguma função administrativa".

— Eu pedalo desde criança. Quando descobri a Ciclo

Jornal da inauguração da base do Rio de Janeiro (Alexandre à esquerda e Vinícius à direita), 2015

Tatuagem do Marcos em homenagem à Courri, 2015

Imagem de acervo pessoal

Deu ruim, (mecânica), 2016

Imagem de acervo pessoal

Imagem de acervo pessoal

Time RJ, 2016

Imagem de acervo pessoal

Tamires com as caixas do Dia das Mães da Giuliana Flores, 2016

Imagem de acervo pessoal

Base RJ (Vinicius com a caixa erguida), 2016

Courrieros, 2017

Imagem de acervo pessoal

Leo, primeiro ciclista cadeirante, 2018

Imagem de acervo pessoal

André e Victor nas bikes cargueiras, 2018

Imagem de Renato Stockler

Viabilizando as cargueiras – Leonel, André, Victor e Victor, 2018

Imagem de acervo pessoal